21589070R00075

Made in the USA
Lexington, KY
12 December 2018